詩學院Ⅲ

文明併發症

方群著

文史哲出版社印行

國家圖書館出版品預行編目資料

文明併發症／方群著. --初版 --臺北市
：文史哲，1997〔民86〕
面；　公分. --（詩學院；III）
ISBN 957-594-055-X（平裝）

851.486　　　　8600747

詩學院 III

文明併發症

作者：方群
出版者：文史哲出版社
登記證字號：行政院新聞局局版臺業字第五三三七號
發行人：彭正雄
發行所：文史哲出版社
台北市羅斯福路一段七十二巷四號
郵撥〇五一二八八一二彭正雄帳戶
電話：三五一一〇二八
印刷者：晟齊實業有限公司
實價新台幣二〇〇元
中華民國八十六年一月初版

ISBN 957-549-055-X

七彩與一白——評方群詩集《文明併發症》

楊昌年

《文明併發症》是方群的第二本詩集，集名雖然有些驚悚而冷酷，但其內容表現卻是有更深刻的溫馨與關懷。而在閱讀之後，個人深覺其中的采姿繁富且令人眩目，分析能有七彩，且有一白。

紅彩是作者的悲憫：基於「爲藝術而藝術」與「爲人生而藝術」不是相對而是相連；「爲藝術而藝術」是「爲人生而藝術」的源流根植；「爲人生而藝術」是「爲藝術而藝術」的延伸發皇。作家創作軌跡既必應由先而後，而悲憫正是他關懷人生的基本。方群的詩作流露痌瘝在抱，非常好。這一線的詩作多在前四輯：抽樣如三輯中的〈流浪狗的獨白〉，表現的是民胞物與之情；〈指南針·贈父親〉是對不變的老父處身於多變時代形成無奈的悲憫；而在四輯中的〈遠離蘭嶼〉，則又已擴延到對離島原住民的關懷。

作者的思念之情構成爲詩作中的橙彩，他的思情深邃綿密。詩例如四輯中〈車過枋寮——首乘南迴鐵路有感〉二段中的懷人：「無端懷念一群迷失名字的老朋友／奔跑在急速翻閱的記憶照片中／漸次褪色。」以及〈思念——訪太平山見雪有感〉中的：「我用思念寫信／內容是炭火加熱的細膩情愫／可以在任何時刻重新回味的那種／點點，滴滴。」筆者以爲，如此的抒情雋品，常能在感性之後，勾起悵觸萬千的鳴應。

而黃彩該就是作者表徵愛與情的一線了，多數在第一輯。多樣的采姿紛呈：如表現愛的忮求多角嚮往的〈如果愛像一條河〉；表徵博愛心態的〈愛情土司〉；情與戰的弔詭有〈夢中航海——再次遇見美人魚〉；情愛的失落有〈殘稿〉等。

常說寫情宜隱，寫景宜顯，這兩項溶入詩作更爲不易。欣見方群的寫景綠彩盎然。如四輯中〈大雨傾盆——過蘇花公路逢暴雨有感〉中的：「滂沱的大雨依然傾盆，墜落／等待的心卻不能草草風乾／在蘇花公路崎嶇的偶然陰影片段／時間的秒針已寂然／停　格。」以及〈獨宿花蓮夜遇雨〉中的：「閃爍的公路筆直向兩端延長／破碎的陰暗夜色／悄悄，拼貼傷痕／用一本破舊的地圖翻閱青春／眼角已然沈重。」兩者都屬雨景，而強勢所透露出前者的緊張與後者的愴懷又自各有千秋。

藍彩是藉著物象的喻意。方群的詩作由物象發軔，想像聯想賡續豐美。抽樣如二輯中〈暮色公路〉首段中的：「張著迷矇惺忪的睡眼／用大角度的誇張手勢／激烈地爭吵著／所有可能的回家方向。」由路的意象延伸，傳達出類似鄭愁予「浪子意識的變奏」式的鄉愁喻意。再如三輯中〈童玩三首〉的首段「彈珠」：「凝固童年的歡樂記憶／緩緩滾來／一顆顆晶瑩的問候／在曾經青春的迴旋軌道上／縱橫臉龐的喜悅色彩／再次，相互碰撞。」由回憶中的物象鮮活，引發曾經青春、今昔不同的喻意感喟。

篇章最多的，該就是表徵反諷、批判的靛彩詩作了。這一線先在三輯中出現〈城市超人〉的都市反諷，其後在五六兩輯中大放異彩。兩輯之中，有對現實、官吏、民代、黑道等的反諷；有對時事如移民、核四興建、溺死的海軍上校、輻射屋、海砂屋、教改、汽車責任險、殉職的林靖娟老師等等的批判。也有對現實的失望與希冀、焦慮不安；對國外戰爭的驚悸、世局前途的寓言等。筆者以爲：大陸文學在文革之後蓬勃發展，十八年來，歷經傷痕、反思、尋根、探索、新時期文學等等蛻變，目前已逐漸回歸到寫實。而兩岸文學風貌的感染難免，我們在通過以情色包裝的反諷、批判文學橋樑之後，另端的文學新紀元，該當就是新社會寫實了。國內的寫實詩（如沙穗）極少，方群能致力於此，可見他切合未來的走向。但願他在過橋之後，能夠寫出更爲感人，引發省思甚至迴響、影響改進的寫實之詩。

這一線的詩作抽樣如五輯中〈在這個〉一首的二段：「在這個叛客流行的年代／我的心有些搖擺／上上下下的風向汽球，飄落／花花綠綠的必勝明牌。」反諷虛僞現實的當代，傳達無所適從的無奈徬徨。六輯中〈住者有其屋兩則〉中的「海砂屋」：「閉上疲憊的雙眼／我們就可以聽到／沙沙海浪的拍擊聲響／冬暖夏涼的完美感覺／在這裡可以輕易地體會。」美好的假象之後竟是危機險惡，特異不同的意象整合，揭示了建商只顧圖利罔顧人命的良知泯滅，冷靜的批判，足可燃點起讀者們憤怒的烈火。

委婉的是詩作的紫彩。方群的詩作藝術，貴在能以客觀筆觸表現反諷、批判，詩句冷冽，常能予人以清明的鑑照而引發鳴應。當然冷靜風貌的先天缺失常是難免有崖岸自高，無形中拉遠了詩作與讀者的距離而得不償失。差幸方群能以委婉情致來調劑他的冷冽，使得爝火常溫，暖意可感。詩例如五輯中〈我收到一張機票〉的末段：「我收到一張機票／來自心底／可以離開不安與恐懼的地方／指名，在任何風暴之外／依舊可以沈睡與苟安的／假想溫床。」以及六輯中〈給我們一片自己的天空——寫於「四一〇教育改革」遊行之前〉的三段：「所以，親愛的朋友／請你來到我們疲憊的身邊／幫花朵走出溫室

／放鳥獸回歸自然／在溪谷平原的輕輕撫摸下／並肩仰望公理的陽光。」

七彩之外，復能有日光融攝的一白，那是我最欣賞的組詩。方群詩作的形式多樣：有分段詩（如四輯中的〈流星群——過梅山有感〉；有韻律詩（如三輯中的〈陀螺〉、五輯中的〈我們的市長有擔當〉、六輯中的〈給我一座核四廠〉、〈請你們給我一個銅像——夜夢林靖娟老師有感〉等），也有不多的組詩。我以爲他的組詩最爲精緻深沈。如二輯中的〈生離死別（四式）〉「生」：「活著是一種奇蹟／我相信，你不相信／所以，我活著／你死了……。」「離」：「不是你／就是我／走／或者——／讓我們一起離開／這令人不安的虛偽版面。」「死」：「死了也好／什麼應酬的話也甭說了／只要，冷冷地——／冷冷地——／學習適應自己。」「別」：「想不起別人名字的時候／就是該走了／像，沈默的現在／最好如此。」筆者以爲：這首詩簡明深刻，極具張力，最能代表方群風貌，也最能引領讀者省思。

出身科班的方群，奇的是他並沒有「中（國）文系化」的傾向，只是他的命題，總是長長的再加上個副標題什麼的，常予人以類似宋詞或東坡以後詩題的感覺。他的詩作沒有學院派的古典之跡，反倒多有科學性的現代詞語（如3D相片、聲納、座標、星圖、失焦、鎖碼等）。雖然我對他的詩作也不是全無負面意見：他的反諷太過明顯（如五輯中的〈某代表〉）；常用連詞（所以、於是、然後等）難免鬆懈；主詞甚多；部份詩作或是形式整齊，或是模式化（如二輯中的〈照著・睡了〉）以致於難免呆滯等等；但總能使我釋懷的是，他還年輕嘛！有的是時間可供他調適的。

初識方群於師大所辦的文藝研習班，沒想到多年之後，在師大國文研究所又與他重續師生之緣，稔知他的發展潛力深厚，期待他終能如：

不世出的彗星之光，洪峰之現。

一九九六・十一・十八於臺北

擺盪在美學與生活的兩峰間

——讀方群詩集《文明併發症》

向陽

在新世代詩人之中，方群是一個寫詩多年，堅持以詩作見證生命、關懷現實的詩人。他的詩，清新可讀，有著細密的紋路，而絕不纏雜；意象掌握明銳，節奏處理輕快，在八、九〇年代的後現代新世代浪潮中，是少數繼續七〇年代寫實主義寫作風格的新秀。

《文明併發症》是方群的第二本詩集，因此也再次地標誌了方群在新世代詩人群中的位置。異於某些橫逸斜出，希望突破現代詩前行代詩風、而鍛字造句的詩人。方群的詩沒有奇詭繽紛的意象，沒有恣肆汪洋的詩想，只是根據著人間的現實，在語言與文字的合理操作下，鉤描末世的荒謬與哀戚；也異於某些懸詭而難以卒讀、扭曲炫奇而語意模糊，徒有佳句卻湊泊成章的「拼貼詩」，方群的詩作，站立在眾花爭豔的園圃中，反而顯得自然不矯，清亮不濁。他延續著寫實主義的脈絡，歌哭、詠頌、嘲諷、針砭，無一不與臺灣現實社會同一呼吸，並且給與讀者勇健自信的感覺。

進入八〇年代之後的台灣，比方群早一步出發的戰後詩人開始以詩作爲對台灣家國社會的發聲工具，他們走出現代詩的迷宮，探看台灣活潑有力的社會，在縱向上，與台灣文學的現實主義傳統接榫，在橫向上，與台灣人民的生活思慮串鉤；不過他們多半也因爲詩的無力，在隨後臺灣社會大變遷的過程中，轉身投入公共領域的台灣重建工作之中，像七〇年代那樣富有朝氣、開創性格的詩作，日益稀少。在如此的環境中，像方群這樣的新世代詩人群的寂寞可以想見，他們甚至連一本可以聲氣相連，以寫實主義創作爲目標的青年詩刊都沒有，面對著蕭條的詩壇，其孤獨可以想見，不過，這因而也使得方群對詩與現實的堅持更爲可感。

《文明併發症》，收詩六十一首，根據題材與性質不同，分爲六輯。輯一爲情詩、輯二寫心境、輯三爲生活所見、輯四寫台灣山水、輯五與輯六則爲對台灣社會與政治現象的諷喻與關注。這六輯的編排，顯現了方群的詩，多半來自生活，是一個詩人和他自己、和社會聲息相通的記錄，也是一個詩人對於台灣的眞情流露。這些詩，確定了方群以台灣這塊土地與人民爲寫作對象的清楚座標，從這個座標出發，方群的詩路可以預見，將會愈來愈寬廣、愈來愈厚實。

我個人認爲，方群的詩是一種春天的發現，孤獨的寫作者在衆聲喧嘩中，找到他自己的聲音，這個聲音並不高亢，卻很沈穩；並不激昂，卻很渾厚。一如〈我撿到一片春天〉，雖然是情詩，卻充分的暗喩了方群：

舉起拳頭，搥打
搖滾饒舌的叛客舞曲
預設一些僵硬的無聊線條，或是
春天販賣的那種折價券

的雄心；也寫出了他「獨自哭泣，加速／遠離你傷心的愛情半徑」的決絕。是這樣的不與「搖滾饒舌的叛客舞曲」妥協、「獨自哭泣」的堅持，讓方群的這本詩集，得到了與他同代詩人相異的身姿。

方群的這本集子，更可觀的部份在於他對台灣社會、政治現象的嘲弄，而又多半出以反諷方式寫作的詩作。〈在這個……〉一詩，是典型的作品之一。作者「悲哀」、「搖擺」、「徘徊」、「癡呆」的是這個「……」的年代，政治的戰鬥舞臺、社會的流行明牌、經濟的生命型態、人文的社會安排，等等，都被交由諧擬歌謠的反諷加以呈現，在押上韻腳與輕快節奏的處理下，轉型期中的台灣社會怪象於是更加突兀滑稽、荒謬可笑。類似的詩作，如〈你說，我離家到底有多久？〉、〈有人說我……〉、〈這一次，我離開〉、〈三不五時〉、〈我們的市長有擔當〉、〈他們〉，無不深刻寫出了台灣社會的變形變調，令人笑中帶淚，也發人深省。

方群的詩路，由此展開，因而值得我們期待。詩或許是一隻能言鳥，或許不是，但它反應了詩人對於所處時空的觀照映象。詩與現實之間，恆常猶如鐘擺一般，擺盪在美學與生活的兩峰之間。方群對於現實生活的敏銳感應，是這本詩集可貴之處；接下來他也許可以花更多心血建構他自己的詩的美學，來安頓這些生活的映照於詩的技藝之中。祝福方群，爲我們共同深愛的台灣寫出更多佳作來。

目錄

輯四：遠離蘭嶼

輯六：寓　言

輯一：愛情土司

如果愛像一條河

如果愛像一條河
他就該在我們的腳下
流過我們沾滿泥土的雙足
灌溉我們欣欣向榮的土地

如果愛像一條河
他就該在我們的身旁
洗去我們沾滿灰塵的疲倦
滋潤我們綠意盎然的田園

如果愛像一條河
他就該在我們的耳邊

譜著我們流滿汗水的交響樂
唱著我們甜甜蜜蜜的催眠曲

如果愛像一條河
他就該在我們的眼底
看盡多少流落異鄉的過客
撫慰多少徬徨失意的遊子

如果愛像一條河
他就該在我們的腦海
流傳著天荒地老的愛情故事
感歎過來來去去的無奈悲傷

如果愛像一條河
他就該是我們的生命
呼吸著一樣的白雲藍天

奔跑著一樣的青山綠水

*中華日報 83年2月1日

愛情土司

也許該讓愛情像土司
用不同的標價寫著一樣的名字
有溫柔的雙唇
也有粗糙的手臂

也許該讓愛情像土司
塗滿了草莓果醬或是夾著荷包蛋
不同的滋味點滴在酸甜苦辣的發酵心頭
嚐過的你 一定會流涕感激

也許該讓愛情像土司
從西半球吃到東半球

超越種族和國籍的複雜差異
遠離赤道和兩極的悲觀問題

也許該讓愛情像土司
讓想吃的人都能輕鬆吃得起
沒有貴賤貧富的痛苦遺憾
沒有天南地北的生死分離

*中華日報　82年11月12日

失戀九行

讓傷心的愛情低溫冷藏
再用無菌的眞空來包裝
在發霉的孤單午后
來來回回密集巡邏的白血球
還是怕那些無聊的螞蟻
偷　偷　搬
　　　走
我們不願公開承認的
庫存疫情。

*中華日報　84年4月28日

我撿到一片春天

我撿到一片春天，在樹下
迅速枯乾腐爛
幾棵迷路的毬果，隱藏著
某種不友善的緊張姿態
砰然，墜落。

我搖下車窗
假裝剛下過雨的那種壞樣子
舉起拳頭，搥打
搖滾繞舌的叛客舞曲
預設一些僵硬的無聊線條，或是
春天販賣的那種折價券

於是我獨自哭泣，加速
遠離你傷心的愛情半徑
眞的。
你們不會相信的，我
撿到一片經常幻想的春天
緩緩，自仰望的永恆高塔
無聲飄落……

＊自由時報 84年1月29日

頒支思念十二行後又得括弧一行

走過尷尬的季節身旁
妳，柔軟的
如秋日高傲的浮雲

淺淺的
飛過一隻離群的風箏
質疑著某種承諾
可能喪失知覺的危險可能

然後是747
下午茶
悄悄，走開……

我們不熟悉的那種
假裝思念的無聊蠢樣子
（然後，就開始學會難過了。）

＊臺灣詩學季刊 83年12月

星戀

我們拒絕時間的干擾
習慣用光速的後燃器推進思考
廉價的愛情只能單向限時
任何單位不接受理賠擔保

探測火箭還是沒有回音
基地的傳呼也無法設定未知的極限座標
我在低溫中失速迫降
殘存的生命指數持續減低

在隕石氾濫的無重力懸浮地帶
妳*3D*的相片開始自燬焚燒

最後的呼叫之後——
我還是再次迷失妳
流星般的霓虹淚眼

*自由時報　84年3月18日

一個月全蝕的夜晚

一個月全蝕的夜晚
所有的電影突然都停止播放
也許是政變的可怕前兆
也許是失戀的無奈創傷

示威的木棉在街頭搖擺
嚴辭譴責愛作秀的警察局長
晚報的頭條刊出此期彩券的從缺號碼
修女的嘴角塗著可笑的芥茉醬

但我堅持生命的流浪
徒步訪問貧民窟的節育情形

在摩登的廣場邊緣
攤販協議用左手寫詩
強盜談判用右手作畫

也許流行就是時代飄流的風向
我沿著行道樹狙殺軟弱的自己
在一個月全蝕的夜晚
過度濃厚的咖啡早已溶入茫然的夜色
在逐漸喪失溫度的台北街頭
滿街都是僵仆倒地的失戀傷患。

*自立晚報　82年12月18日

夢中航海——再次遇見美人魚

我們的聲納悄悄鎖定
一條動機不明的雌性美人魚
順著洋流的詭異航向
他梳理著波浪式的浪漫捲髮
哼唱著簡單音階的藝術歌曲

船長焦急地詢問著：
「是敵軍？還是友軍？」
在夜視鏡的模糊畫面裡
美人魚的眼神反射著疑惑的燈號
匍匐的暗礁在水面下湧動
迅速迂迴向我們脆弱的右舷

碰撞直接的單純骨折之後
竄起一枚尖叫的慣性魚雷
直接，命中夜色

於是在逐漸下沉的彩色夢境中
我呼喊著前世遺忘的承諾
——泡沫昇起
片片碎裂的思念魚鱗
卻猶自擱淺在起落不定的
夢幻沙灘

*聯合報　84年1月16日

秋日，某臨海小鎮紀事

在日落之前，我
呼喊著
你灰暗影子靠近的那種
低速流洩的汽笛信號

「有點鹹，又不會太鹹。」
電視上曖昧的廣告說
走過多霧氣的山坡巷道，驚見
某次未完成的限時搶案
正在孤獨的徘徊身後
悄悄發生所有的暈眩可能

於是只有受傷的海鷗及時趕來
在繽紛的夜色裡，相約
你細膩掌心的斷續掌紋
而習慣猜測的不穩定戀情
卻總飄盪成我過度無奈的
潮濕性記憶。

*臺灣時報 84年7月3日

殘稿

開始之後
就幻想著某種完美的結局
關於我們……
而妳癡癡地笑成了疑惑的春天

走在腸思枯竭的街道
我反覆思索著
考慮某種激情序幕的必然發展
而在可能的情節逼進之前
卻又想不起妳繽紛的彩色名字

又是一次無緣的相會

斷了也好，我想
離開必然錯誤的尷尬結局
讓思考的有限空間
暫時以低溫眞空保存
或許的或許
想起，就知道愛的時態
永遠是不能完成的
未來懷疑式

*中華日報　84年2月15日

輯二：習於遲鈍

春雨

春雨如絲
徘徊在等待的窗口
日日夜夜的祈禱歌聲
我總是刻意地猜想著
有一些來自心底的聲音，跳動
在孤獨的距離之外

流竄的情緒，依然
低八度下沈
逐次累積失眠的可笑藉口
也許，太多太多的不適
只是某種過度潮濕的

沈澱記憶。

＊青年日報 84年5月11日
＊笠詩刊 84年6月

交談

纏繞著紀念遺忘的指環
和一隻貓交談
關於天氣
擺盪風中的許多影子
穿越過許多敏感而潮濕的多情觸鬚
探測著隱伏的寂靜心跳

夏日的顏色有些濃烈
悄悄，拉長
固定思念座標的抽象線條
隨手素描一幅躁熱的無聊午后
有意偏離陣雨的微酸心情

總是略帶結晶鹹味的人工情緒

等著，某個陌生的名字緩緩走來
走來矜持的腳步，輕輕烙印
用昔日細筆雕琢的記憶捲軸
轉眼迷離失焦的瞳孔開始漸漸縮小
帶著母性的失溫語言
在我反覆祈禱的龜裂掌心裡
一對深邃碧綠的晶瑩貓眼
旋轉，如花般墜落

*未發表

一顆星子飛出我注視的眼眸

一顆星子飛出我注視的眼眸
你驚訝地呼喊著
像是童年裡成長的茫然記憶
每種天明前的怦然心動
在相對的無言中，逐漸
脫離我們熟識的星圖

風總是愛開玩笑
把你的鞦韆推得特別高
孤單的影子在夜裡釀成一杯濃稠的黑咖啡
你卻不願意假裝比我早醒來

也許這一切都只是細節
你沉默地枕著我的手臂不再哭泣
走過那一段空曠的意識長廊
說與不說——
總不免習慣想起，那些
喜歡徘徊在季風中的
雷陣雨

*青年日報　83年6月15日
*創世紀詩刊　84年6月

雷陣雨

毫無預兆地
天
空
悄悄落下，強酸
嚴重汙染的淚水，竄擾
大地的敏感皮膚之後
一陣陣不安的砰然心跳
開始劇烈嘔吐。

*自立早報　83年8月20日

照著·睡了

照著。
一條曲折的公路。照著
一群迷途的聯結車。照著
一盞失眠的街燈。照著
一隻亂竄的瞌睡蟲。照著

一雙模糊的眼睛。睡了
一把流不完的鼻涕。睡了
一具斷線的電話。睡了
一段講不完的故事。睡了
睡了。

*自由時報　84年2月7日

暮色公路

在大地即將沉睡的片刻
你卻已醒來
張著迷矇惺忪的睡眼
用大角度的誇張手勢
激烈地爭吵著
所有可能的回家方向

我漫不經心的播轉，流竄
調頻電台無奈的擁擠波段
在超速射出的神經脈衝原底下
有許多疲憊的匆匆暮色，無言
擦身而過。

*中華日報　84年6月12日

心情留言

·之一　失焦·

遺失習慣的鏡片之後
無法固定的迷離心情
總想，偷偷出軌。

·之二　搭錯線·

原本冠冕堂皇的假設藉口
在一陣茫然的呼應聲中
沈寂，交錯
斷斷續續的干擾頻道

・之三　流浪・

無關乎瀟灑與否的情節
失溫的淡咖啡
間隔著
某些過站不停的午后場景

・之四　沈思・

思緒急速地退化成回家的可能
旋轉的季節雨
經常選擇流淚的孤獨靈魂
兌現往事

＊自由時報　84年7月16日

生離死別（四式）

·生·

活著是一種奇蹟
我相信，你不相信
所以，我活著
　　你死了……

·離·

不是你
就是我
　　走
或者——

讓我們一齊離開
這令人不安的虛僞版面。

·死·

死了也好
什麼應酬的話也甭說了
只要，冷冷地——
　　冷冷地——
學習適應自己。

·別·

想不起別人名字的時候
就是該走了
像，沉默的現在
最好如此。

*自由時報　83年3月3日

習於遲鈍

總讓孤獨的腳步遺失在習慣的大街
哭泣著，莫名傷心的不知所云
來自四方的季節信風
有些堆積成雲冪
有些氤氳出潮濕的笑容

眼睛是不必說謊的，你說
協議書上早已坦承不諱這一切
長針頭在縫隙裡注射敏感的皮下午后
我無言敲著叮叮的沙漏喚醒晨昏

落地窗外的模糊思想，徘徊

過度分裂意識的冷熱差距
學不會自轉的愚笨星體
只好，像我這樣的
習於遲鈍。

＊自立早報　83年9月6日
＊植物園詩刊　83年12月

輯三：煎　魚

童玩三首

·彈珠·

凝固童年的歡樂記憶
緩緩滾來
一顆顆晶瑩的問候
在曾經青春的迴旋軌道上
縱橫臉龐的喜悅色彩
再次，相互碰撞

·紙牌·

爭奪一種翻轉生命的動力
源自偶然的
不期而遇

在生命靜謐的角落裡
沈默的標題之外
隱隱約約的
有些偷偷微笑的傳說
轉瞬，掠過眼角

·磁鐵·

同性相斥
異性相吸
不需要所謂的愛情宣言
我和你，依然
以千古不易的誓約
終身相許。

*中央日報　84年7月9日

戲貓記

懷了兩個月身孕的
貓，斜躺在陽台的花架上
低聲地思索著，今年
景氣升降的敏感問題

我在電視機前，抗議著
持續攀昇的陣雨頻率
偶而忘記帶傘的天空
總容易在莫名的情緒中，淪陷
某些陰晴交錯的潮濕臉龐

而貓是不理這些的

除了脫脂鮮奶和鯖魚餅乾
牠總是習慣自在地享受著
睡醒所有台北午后的美麗可能……

＊青年日報　83年7月8日

流浪狗的獨白

聽說我是人類最好的朋友
不曉得你們是怎樣看待我？
隨手丟棄的雞骨頭確實很香
但我仍可以控制饑餓的誘惑

三五天不吃不喝也不過是小小的考驗
老主人早就這樣告誡過我，所謂
做狗也要有做狗的基本原則
縱使落難也不可以輕易放過

所以，我仍然癡癡地等
用冷酷的外表壓抑熾熱的肚腸

在你們離開我的視野範圍之前
那種純潔高貴的雍容自尊心，絕對
不　會　崩　落。

*青年日報　83年7月8日

泡麵

嗅著防腐劑的刺激味道
我的鼻腔開始抽搐過敏
太多的不滿與抱怨
徘徊在食道與胃壁之間
沈重的夜色之內
選擇總是模稜兩可的灰暗答案

也許熱水的溫度不夠
油炸的蜷曲麵條仍有些生硬
就像我們之間曾經有過的那種交情
只有在過度飢餓的時候
偶而的你，才會

偷偷想我。

*青年日報 84年2月12日

煎魚

有些破碎的情緒，翻轉
淡色醬油澆淋過的微鹹表皮
不急不徐的文火慢功
遊走去腥提味的薑片之間
這是你最熟悉的晚餐
我盼望的那種味道

但你還是故意忘記
我們交換戒指的約定日子
不太好的記性，隨著
低速迫近的沉默寒流
漸次，凍結承諾

無言和牆壁對坐寂寞
再次妝點我不善等待的眼神
容易受傷的時間
只有窗外耐寒的老貓
癡癡看我。

＊青年日報　84年2月12日
＊谷風詩刊　84年6月

政治三明治

習慣的早餐總是一份政治三明治
兼顧著省事和省錢的指導原則
不用煩惱中西文化的個別差異
不用考慮省籍思想的立場問題

只是幾片表裡不一的形象土司
塗抹著時間調合的溫和沙拉
也許夾些暴力象徵的腥紅草莓醬
或是對切半生不熟的金權荷包蛋
再加上一小片黨政商議的妥協火腿
政治三明治的內容總是能讓大多數人滿意

數十年可以如一日就這樣過去
我們不免把習慣當成必然的定理
毋需用腦的早餐
總讓生命的指數向上延續
政治三明治的簡易模式
就將這麼永生不死的傳承下去。

*自立晚報 82年10月6日
*笠詩刊 82年8月

錦鯉

在一方逍遙的天造地設裡
我巡游無憂無慮的透明空間
靜靜反射你五彩繽紛的眼光
悄悄驚豔我婀娜多姿的身段

我有著高貴的突變血統
遺傳祖先的偶然基因
在平凡中多次塗抹憂鬱的色彩
妝點我無法估量的迷離身價

但我不懂得談情說愛
也不能繁衍自己的子孫

在四季恆溫的電腦魚缸裡
努力想像著澎湃迴盪的生命激流

於是故事仍一如以往的古老慣例
因襲著光榮的歷史繼續向前演進
在來來往往的伊甸樂園裡，沉默的我
生生
老老
病病
死死。

*自立晚報　85年9月28日

陀螺

在層層禮教的細綁束縛下
年輕的陀螺被奮力甩開
帶著生澀的殷切期待
他微微顫抖地爬了起來

在不夠寬廣的表演空間裡
跌來撞去總是不免的無奈
頭上腳下雖然不是我的最愛
但現實的生活如何能自由自在？

就這樣，不停地抽打
　不停地旋轉

繞著那種假裝尊貴的自我中心
碰撞向可能的生命出口
然後在疲憊無助的歎息聲中
無言，頹然倒落

＊自立早報　83年9月22日

城市超人

我是一個平凡無奇的城市超人
不穿紅色內褲也買不起新披風
不在報社上班也不叫克拉克
更不曾在透明的電話亭換過衣服

但我一個禮拜可以加班四十八小時
然後在一個晚上趕四場結婚喜宴
經常在黃線地段違規停車
也敢在紅燈邊緣穿越馬路

我能和三個女友同時約會
先後記住四十六個仇敵的電話號碼

更可以忍住七年不升官
卻不能一天不說謊

我從不知道自己有超能力
只喜歡假裝安份守己
在超人泛濫的現代暴力城市
存在的意義大於公理和正義的廣泛聯集

*自由時報　83年4月25日

指南針——贈父親

父親說：做人要像指南針
立定了志向就不要再任意改變
不要隨著時代的風潮左右搖擺
也不要讓歷史的潮流前後飄移
做人要有自己的骨氣
活在世間其實就是這麼了不起

父親也就像是一只忠貞的指南針
在相同的辦公室等了三十年
走路堅持靠右
吃飯不可偏左
排同樣的座位

辦一樣的公文
用三十年前的舊名片
交五十年前的老朋友
在公開場合絕不垂頭喪氣
偶而在深夜裡會獨自嘆息
（但絕不讓任何人聽見……）

*未發表

輯四：遠離蘭嶼

春登大屯有感

初見山，總是山
山在眼前
人在山邊
輕輕，走著風雨飄搖
輕輕，走著雲深不知

不見山，還是山
山在眼裡
人在山中
緩緩，行來採藥的童子
緩緩，行來埘花的老翁

又見山，山無言
山在眼底
人在山外
匆匆，掠過一群遲歸的伯勞
匆匆，驚起一抹害羞的春色

＊青年日報 83年6月18日
＊葡萄園詩刊 83年5月

車過枋寮——首乘南迴鐵路有感

左眼是山的青
右眼是海的綠
兩眼交錯的平衡凝視之後
思想則依肩膀的坡度傾斜滑落

風聲斷斷續續，閃爍
曝光的時間總是有些倉促
期待的鏡頭之外
無端懷念一群迷失名字的老朋友
奔跑在急速翻閱的記憶照片中
漸次褪色

於是夢的開始就在可能的遠方
來自海的，回到海
來自山的，回到山
來自偶然的，回到偶然……

*青年日報　84年8月6日

新天堂樂園
——冬山河整治紀念有感

親吻，水
在歷史奔馳的腳印之外
一道巧奪天工的希望彩虹
橫跨著，古往與今來
交纏著，歡笑與傷痛

一刀一斧，走過茫然的過往
一鏟一鋤，迎向燦爛的日出
汗水澆灌著貧瘠的泥土
河水傾訴著蛤瑪難的永恆故事
迴盪，在山海之間

在山海之間
無限的視野迅速向四方延伸
這是最真誠甜美的名字
包容，我們開天闢地的愛
寫在寸寸感懷的泥土上
寫在絲絲綿延的流水裡

＊中央日報　85年8月31日

大雨傾盆

——過蘇花公路逢暴雨有感

急躁的夜色在背後追趕我們疲憊的雨刷
左側是茫茫無涯的起伏海平線
右方是巍峨崢嶸的陡峭山壁
徘徊的思緒輾轉成
是是非非的假設可能

想像還是在很遠很遠的地方
我悄悄地數著
無意識的紛亂節奏
敲打著昔日思念的繁複密碼
我握雙手成陰陽的輪盤

賭注一生的成王敗寇

滂沱的大雨依然傾盆，墜落
等待的心卻不能草草風乾
在蘇花公路崎嶇的偶然陰影片段
時間的秒針已寂然
停　　格

*創世紀詩刊　85年7月

獨宿花蓮夜遇雨

推門問天
濃厚的低壓正汩汩迫近
電視機預報的濕度持續上升
雨滴在眉頭凝結
紛亂交雜的等待心情
隱隱，震動

閃爍的公路筆直向兩端延長
破碎的陰暗夜色
悄悄，拼貼傷痕
用一本破舊的地圖翻閱青春
眼角已然沈重

路還是寫在昨天想的筆記簿上
晾在陽臺的濕衣服
擺手瞭望模糊的沈默遠方
雨後的花蓮，聽我
無言告白
來自異鄉窮途的落寞感受……

*青年日報　84年9月4日

流星群——過梅山有感

傳說看到一顆流星的人可以在它消失之前許下一個必然實現的願望。

那天我獨自前往偏遠的孤寂梅山卻在天黑之後被一群迷路的流星將我團團包圍。

他們爭先恐後地對我說：「請給我一個願望，謝謝！請給我一個願望，謝謝！」

於是我趕忙收拾行李連夜離開那個流星泛濫的迷惘村落帶著些許不安的忐忑心跳……

＊創世紀詩刊　85年10月

遊南橫過大關山隧道有感

前言：大關山隧道位於南橫公路之最高點，爲高雄與台東二縣之交界，標高二七二二米，全長六一五米，單線通車，左右輪流以紅綠燈管制。內部陰冷潮濕，無任何輔助照明，徒步行走於其間，備覺萬分之艱辛困苦……

不見五指的黑
籠罩著
愈行愈遠的光源
微弱的視覺感應逐漸被恐懼抹黑
前面的路
還是未知的曲折與坎坷
點點，滴滴

有些輕微的心跳在靜謐中迴盪
在這生與死的虛擬交會點
走過的記憶多？
還是沒走完的未來少？
連上帝的直覺也未必清楚明瞭

在這個潮濕黝暗的生命隧道
路仍在腳底，緩緩
匍匐前行
下一秒鐘
來來，或是往往
曲折，或者坦蕩
我們仍鼓起最大的微弱星光
向遠方眺望。

*青年日報 85年3月29日

＊葡萄園詩刊　85年5月

觀湖——過日月潭有感

掀開一葉
掩不住的初紅早秋
在日月循環的天地之間，交替
一雙逐漸冰冷的手掌

山在雲的外面
風在鳥的眼前
沈思在靜謐的湖畔
看一頃碧綠的心事漣漪
起起
　　　　落落

*中央日報　84年9月20日

思念——訪太平山見雪有感

零度以下
喧鬧的水也將沈默如冰
我用思念寫信
內容是炭火加熱的細膩情愫
可以在任何時刻重新回味的那種
點點，滴滴

遲來的夜色是一朵朵飄降的雲
一笑就抖落成一地的春意
來自天上，重回人間
冰封你我心底曾經的繽紛記憶
在太多的假設與猜測之後

也許，明天的風還是偏北
明天的雪依然持續……

＊中華日報 85年3月10日
＊創世紀詩刊 85年3月

遠離蘭嶼

談起海浪
只有三隻路過的雅美飛魚
挺身，與我辯論
關於國籍的劃分，與
獨木舟的堅持歸屬
是否相同？

核能的病變信風，依然
自西北迫近
僞裝的冷氣笑容
隨著記憶中的潮汐，起落
我一夜難眠的

陰暗耳語

亮不亮的文明問題
包裹著
要不要的問題文明
關於宿命的傳統悲哀
在，銀盔與鈔票之間
在，尊嚴與生命之外

*自立晚報　84年7月31日
*笠詩刊　85年2月

輯五：洗心革面

你說，我離家到底有多久？

你問我離家多久？
我不禁茫然失措
還記得那是水牛踏土的日子
我追著一隻五彩繽紛的蝴蝶
翻山越嶺
去尋找那遺失的眞理
而今田土已矗立成昂然的大樓
親愛的孩子啊——
你說我離家有多久？
你問我離家多久？
我不禁潸然淚落

還記得是和阿嬌初相識的時候
我閃避著帝國主義的流毒
飄洋過海
去尋找那智慧的所在
而今阿嬌的孫子已經兩歲多
親愛的孩子啊——
你說我離家有多久？

你問我離家多久？
我不禁說得太多
在這片熟悉的溫暖土地
卻有我太多的冰冷傷痕
那年你父親才剛出生
總督府的旗幟依然閃亮著
透過毛玻璃的光圈
俯衝的戰鬥機擊落搖晃的太陽

而親愛的孩子啊——
你說我離家有多久？

你問我離家多久？
我不禁要實話實說
雖然在外國人的土地上落腳生根
我依然保存著故鄉的圖譜
過我們自己的年
吃我們自己的飯
說我們自己的話
寫我們自己的字
親愛的孩子啊——
你說，我離家到底有多久？

＊臺灣時報　83年4月5日
＊吳濁流文學獎佳作

無言——代擬二二八碑文

太多的傷痛，只能
堆積成陰冷的抽象記憶
不回頭，就不會難過
他們頻頻安慰著
而曾經年輕的我
一直深信不疑

所以，等待是必須的成長過程
在來來往往的風雨年代裡
我們必須沈默
沈默如黝黑的磐石相互糾結
無言堅持自己的死亡膚色

在春天醒來之前

在春天醒來之前
也在這逐漸學習淡忘的孤獨年代
不必習慣歷史的低溫
鮮花終將飛成孤雁
再多再多的彩色承諾，也
安息不了疲憊已久的流浪眼神
刻鏤在心底的血痕依舊斑斑
總是不能抹去的點滴過往

想說的太多，也許
你不一定都能欣然接受
如果匆匆的遺憾就能癒合傷口
無言交錯的情感周波
仍舊是像夢中父親的龐大背影

如黑夜般沈重

*臺灣時報　84年5月16日

在這個……

在這個崇尚復古的年代
我的心有些悲哀
歪歪斜斜的街頭旗幟，佔領
來來往往的戰鬥舞臺

在這個叛客流行的年代
我的心有些搖擺
上上下下的風向汽球，飄落
花花綠綠的必勝明牌

在這個投機理想的年代
我的心有些徘徊

偷偷摸摸的內線交易，決定
複複雜雜的生命型態

在這個不知所云的年代
我的心有些癡呆
哭哭笑笑的自然環境，穿插
生生死死的社會安排

*自立晚報　85年2月10日
*笠詩刊　85年4月

有人說我……

有人說我是*K*黨
保守的緊密服裝，搭配
古老封閉的陳年思想
捨不得放棄歷史包袱的沈重負擔
悻悻然——
走在不合時宜的現代馬路上
我的心有些慌張

有人說我是*M*黨
突變的流行裝扮，交換
特異獨行的叛客主張
阮囊羞澀的未來口袋寫著千萬的理想

茫茫然——
走在四通八達的十字路口
我的心有些徬徨

有人說我是N黨
復古的時代廣場，堆砌
封建水泥的高聳城牆
記憶中的銅像將再次復活
戚戚然——
俯瞰狼煙蜂起的美麗島嶼
我的心即將崩盤

有人說我是X黨
沒有思想
沒有主張
沒有歷史的榮耀

沒有現代的光芒
崇拜異端的神祇
祈求莫名的仰望
只剩下——
一顆沒有軀體的孤獨心臟
一群沒有靈魂的橡皮圖章

＊自立晚報 84年11月6日
＊84年度詩選（爾雅版）

這一次，我離開

這一次，我離開
傷心的土地不再等待徘徊
低調的鋒面撥弄失意的髮梢
紛亂的心緒推動起落的潮水

這一次，我離開
龜裂的雲朵，撕碎
強酸侵蝕過的夢幻招牌
季節風來了又走
陳年的承諾草草掩埋
歷經多重的負性轉換之後
醞釀的淚水據說已再次泛濫成災

這一次，我離開
詢問的口氣仍然假裝良性的關懷
砰然的心跳帶著尷尬，閃躲
來來往往的眼光有些慢性癡呆
攤開電壓不穩的制式畫面
我在閃爍的螢光幕上辨別是非好壞
反覆的密碼坦承清白
眼睛卻被撒謊的嘴巴再次出賣

這一次，我離開
沒有掌聲也沒有喝采
冰封的角落持續滋長陽光
向陽的坡面依然冰冷陰霾
質疑的耳膜共振有些離奇的死因
但，該走的還是沒有走

該來的也還沒有來

這一次，我離開
離開致命的經濟引力之外
不用同情的淚水
不用施捨的關懷
我會找到屬於自己的亮麗色彩
沒有核能的汙染
沒有社會的變態
沒有暴力的壓迫
沒有歷史的傷害
這一次，我
眞的就要離開……
　就要離開…………

＊臺灣時報　84年8月27日

我收到一張機票

我收到一張機票，來自祖父
那日夜思念的神州故土
他說，那是他的老故鄉
在失去與獲得之間徘徊的
矛盾土地

我收到一張機票，來自表哥
那晨昏顛倒的美州大陸
他說，那是他的新希望
奔跑在希望與理想之間的
彩色天空

我收到一張機票，來自姑丈
那四季如春的陌生島嶼
他說，那是他的中途站
飛躍在過去與未來之間的
歇腳旅館

我收到一張機票，來自心底
可以離開不安與恐懼的地方
指名，在任何風暴之外
依舊可以沈睡與苟安的
假想溫床

*臺灣時報　84年4月8日

三不五時

三不五時
離開我恆溫恆濕的寬敞辦公室
在龐大車隊的導引之下
來到充滿刺鼻魚腥味的陌生小漁港
說幾句應酬的蹩腳地方話
講幾項莫名其妙的建設政績
點綴些許喧鬧的爆竹聲
在地方士紳的金權勢力見證後
無疑的——
顯示我眞心注重鄉土
三不五時

離開我四季如春的豪華西餐廳
在眾多隨從的保護之中
來到惡臭髒亂交錯縱橫的擁擠菜市場
找幾個樣板的官方攤販
問幾個無法否認的必然問題
揮灑一些廉價的官方掌聲
在角頭大哥的黑色墨鏡掃射後
無疑的——
證明我確實關懷民生

三不五時
離開我銅牆鐵壁的郊區大別墅
在老練媒體的鏡頭之外
回到當年呱呱墜地的風雨山頭
唱幾首走調的兒歌
跳幾段零亂的舞步

眺望自己可能飛黃騰達的美好未來
在處處黃黑氾濫的物慾盆地上
無疑的——
宣告我明辨是非善惡

＊自立晚報　85年2月28日

某代表

他有一雙不太善良的眼睛
卻有一張善於僞裝的笑臉
他有一付身不由己的形軀
卻有一顆陰狠毒辣的眞心

他有一千種美麗動聽的理想政見
卻有一萬條無法完成的推拖藉口
他有許多寫在紙上的遠景抱負
卻有數不清在眼前的現實前途

他用優雅的左手奉獻白米
再用焦急的右手搜刮黃金

他熱愛絕對勝利的高貴運動
每天總不忘向席位請安點頭

他辛勞得無法吞嚥平凡的米飯
只能品嚐些許的補氣燕窩
　進食少量的壯陽熊掌
他從不浪費珍貴的民生用水
只努力想用XO來平衡貿易逆差

他凡事總先爲別人利益反覆著想
卻只把自己列爲執行的參考方向
他能沉默接受各方的無情咒罵
卻更歡迎不切實際的褒獎讚揚

他實在是個無懈可擊的標準代表
能在下降的氣流中逆勢攀昇

他既能高歌一曲也能主演連續劇
總有耍不盡的花招和變不完的把戲

他實在是個不折不扣的好代表
讓我們總覺得自己的愚蠢是無可救藥
民主女神搖頭感慨他與生俱來的神奇魔力
歷史國王低頭抄寫那自作自受的政治習題……

*自由時報　82年11月13日
*笠詩刊　82年12月

洗心革面

混了大半輩子的黑道之後
角頭老大的內心不免也有些空虛
火車站前的大馬路居然還有人不認得他
上波的掃黑還是帶走了三個小弟

雖然他還是不太習慣發光的太陽
但總儘量記得把檳榔渣吐到比較陰暗的地方
在爲民服務的重要前提下
角頭老大的保護費也開始發給收據
並能依編號的順序兌獎還本

他要求保鏢微笑開槍

並購買專科以上的學歷
至於長久積欠賭債的老主顧們
也能用信用卡的密碼來延期付費

角頭老大發誓要重新作人
他用行動證明他堅定的決心
不辭勞苦的，他
挨家挨戶巡街登門拜票
並親手送上剛出廠的連號嶄新肖像
至於所謂的政見問題
則完全以百姓的意見爲依歸

所以他當然高票當選
在大家默默肯定的掌聲之中
他眞心爲故鄉奮鬥打拼了許多年
總算在迷漫的硝煙裡驚險實現

這是令人興奮的一刻
整個小鎮的野鼠也都上街慶祝
他早已勇敢地承包這裡的所有工程
雖然回扣的成數不甚滿意
但也算是回饋鄉親的小小謝禮

角頭老大終於洗心革面
讓地方少了一個危害鄉里的壞流氓
　多了一個建設地方的好議員
看著街頭巷尾處處聳立的不朽銅像
無奈的笑容或許即將學會孤枕難眠……

＊臺灣時報　83年4月2日

他們

他們不習慣拋頭露臉
只習慣在屏風後若隱若現
他們不喜歡作秀簽名
卻要靠演戲來賺取金錢

他們經常不願表示意見
只讓獲得授權的記者暢所欲言
他們經常走訪民間
卻又不知爲何會缺水缺電

他們在白天微笑面對媒體
堅決否認政治鬥爭的象徵意義

他們在黑夜裡秘密通訊
誓死消滅相框裡的親密仇敵

他們從不承認錯誤
他們的模樣總是記不太清楚
他們永遠滿足自己的信心
他們的功勛卻也是模模糊糊

他們的旗幟總是相似
他們的立場偶而不同
他們的野心無分軒輊
他們的目的完全相同

他們巧妙的聲音讓你無法分辨眞假
他們深奧的語言使你不能認清虛實
他們在小說裡顚倒歷史

他們在歷史裡創造小說

他們讓政治變得好玩有趣
他們讓人民懂得事實眞理
他們讓文化加速發展
他們讓生活充滿不停的連環驚奇……

*自立晚報　83年2月4日

我們的市長有擔當

我們的市長有擔當
狂風暴雨中他依然挺立堅強
人生在世難免有死有傷
那麼多筆的糊塗爛帳，不該
全都算在他的頭上

吃飯本來就該留心狀況
唱歌也不應放肆囂張
中央的法律不夠嚴密完善
所以責任的歸屬不在於地方
至於執行技術的無心過失
則由相關的單位共同開會研商

我們的市長有擔當
凡事依法令按部就班
他不辭職規避責任的壓力
勇敢地迎接民衆的憤怒與不滿
細心，調解部屬的善後良方

我們的市長有擔當
我們的前途有希望
流過的眼淚總會乾
燒過的痕跡終將日漸消散
我們遊走在充滿驚奇的現代蠻荒
生命的意義的確是一種不可思議的
神祕力量

*自立晚報　84年3月3日

選舉免疫不足症候群

數百萬隻宣告成年的法治手臂
在過久的沈默之後
走上街頭，展示
不押韻的現代暴力語言
在消防水龍和催淚瓦斯之間
拳頭和棍棒商討著反擊的有效策略

用數學的機率不能估量落選的誤差
渾身刺青的街頭法官
再次以預言證實
兩極對立的必然結果
於是立場癱瘓思想

原則消滅智商

這必然是有預謀的集體作票行動
導致，暴力氾濫的必然結果。
「親愛的市民同胞們
在天黑之後，請
沒穿防彈背心的婦女及小孩不要上街。」

大街小巷開始劇烈地顫抖
在隔年閏八月的危機來臨之前
落選者永遠大於當選者的鋼鐵定律
似乎，不會被時代潮流輕易淹沒。

（所以這樣的政見必然簡潔有效
在投票之前應當盡量廣加宣傳
如果勝利站在對我友善的方向

一切的結局必將會是順利美滿
但若沒有預期中的可能來發生
則所有的後果本人將概不負責
希望大家都能體諒我的不得已
所有的苦難只是暫時的陣痛期
即將消失，在我持續的努力下……）

＊臺灣時報　84年1月19日

輯六：寓　言

寓言

我有一個焦慮的名字，潛行
縱慾過度的現代單身都市
直橫交錯的筆劃，巧妙地
結構著複雜的隱密身份
某種高溫且不穩定的運動地層

我有一個不安的地址，徘徊
反覆淪陷的污染沙灘
起落的潮水交換著協商的脆弱政權
循環兩極洋流的正負溫差效應

我有一個恐懼的號碼，燃燒

夢幻天堂的閃爍假象
走過單色的眞誠謊言
只有失焦的鏡頭可以大膽臆測出
上帝偷偷掉淚的那種
慈悲樣子。

＊臺灣時報　83年10月9日
＊植物園詩刊　83年12月

死了一個海軍上校之後

死了一個海軍上校之後，終於
讓我們瞭解到社會的眞摯關懷
頭版的標題溫暖著僵硬的冰冷屍體
秘密進行的調查加速，敷化
撲朔迷離的版本劇情
在導演用心的編排之下
結局的預言必然能吸引多愁善感的電視群衆
也許在不久的不久的將來以後
就會有令大家都能滿意的掩飾原因

死了一個海軍上校之後，終於
讓我們知道國防建設的坎坷與艱難

除了仔細應付廠商回扣的合理要求外
還得小心躲避黑道遙控的無聲炸彈
用一條珍貴的生命來節省全民的貧窮稅款
也許這樣的犧牲實在不能用底標來核算結賬

死了一個海軍上校之後
我們的股市卻仍然努力上漲
在這個短線熱絡的飄搖小島裡
大家的想法也許沒什麼兩樣
邁步走進*GATT*的巍峨大門前
泡沫經濟的成長必須持續臨危不亂

死了一個海軍上校之後
兩岸的代表依然假裝誠懇的進行會談
艱苦地說著對方聽不懂的話
微笑地展現近乎呆滯的目光

至於款待晚宴的服裝式樣
卻總是唯 一達成共識的相同主張

死了一個海軍上校之後
我每天還是一樣的打卡上下班
做一樣反反覆覆的無聊工作
吃一樣匆匆忙忙的早餐
睡一樣不安不穩的床……

＊自立晚報 83年1月1日

給我一座核四廠

給我一座核四廠
讓我解決能源缺乏的長期恐慌
厚重的西裝才能抵禦辦公廳的低溫冷氣
地方的父老爲何還是肝火上揚？

給我一座核四廠
讓我發展神秘的武器不再困難
昂貴的外線交易總是不切實際
我們需要一把*MIT*的核能保護傘

給我一座核四廠
讓圍標的工程早日開張

讓回扣的成數隨經濟成長
讓國際友人對我們的勇氣刮目相看
親愛的全體國民啊！
我們絕對需要核四廠

給我一座核四廠
安全的問題大家不必緊張
高級的官員每年都會來定期巡視探訪
除了人爲的疏失之外，理論上
是不會發生任何的故障

給我一座核四廠
犧牲小我總是無法避免的創傷
但是只要大家肯稍微點頭轉向
關於地方建設回饋醫療保健服務的補助金額
一切都可以慢慢慢慢的好好商量

給我一座核四廠
適量的輻射對人體絕對不會有任何損傷
權威的說法必須虔誠信仰
大家的福利才不會受到影響

給我一座核四廠
找不到理由還是得堅持主張
假設的民意雖然有所顧忌
現實的利益絕對不能屈服淪喪
偉大的理想需要你我來共同護航

給我一座核四廠
早早晚晚你們還是得投降
聽不聽是你可笑的權力
做不做是我一貫的主張

在最後通牒的草稿完成之前
請你請你請你請你請你請你仔細考慮之後
趕快，給我一座核四廠

*自由時報　83年11月7日

住者有其屋兩則

·之一　輻射屋·

多年以來安身立命的公家宿舍
放射著神秘的迴旋磁場
可以更改前世的基因
或是突變來生的品種

專家們來來去去，撰寫
形式化的官樣文章往返旅行
關於輻射核能的假設傳說
專家們都樂觀地表示
其實，不甚緊要

於是我在電視機前撮弄著
一顆顆頻頻脫落的疼痛假牙
無心，數著稀疏的淡黃頭髮
斜眼望著妻逐漸隆起的肚皮
我不禁有些擔心，未來
我的後代——
會是一隻滑稽好笑的綠色忍者龜？
還是半人半獸的智慧變種猿？

·之二　海沙屋·

閉上疲憊的雙眼
我們就可以聽到
沙沙海浪的拍擊聲響
冬暖夏涼的完美感覺
在這裡可以輕易地體會

居住在喧鬧的現代都市裡
只有少數的幸運兒能享受
細膩浪漫的裸露沙灘，寸寸
剝落我們無聊的單調生活

這是現代工程的偉大奇蹟
低廉的消費展現高級的投資報酬
也許下次的落雨
微酸的心情可以認賠殺出
一座苦鹹心情的危險建築

*自立晚報　83年6月6日

請你們給我一個銅像

——夜夢林靖娟老師有感

請你們給我一個銅像
讓我孤獨的靈魂別再流浪
當我走進歷史的陰暗角落
就再也感覺不到你們關切的眼光

我沒有走進天堂
因爲我有太多的遺憾與感傷
總有太多的孩子需要我的關心
所以我願意留在你們的身旁

但每天睡覺前我總是會想

一樣的問題會不會再度上場
我焦黑的肉體不能再擁抱你們親愛的孩子
不幸的後果你們還是得自己承擔，所以

請你們趕快給我一個銅像
用昂貴的鈔票粧點我的好心腸
也許下次悲劇重演的時候
我將會是你們的最好榜樣

請你們快給我一個銅像
讓我站在都市廣場的正中央
用金錢累積的愛心形像
一定會讓你們終身難忘

請你們趕快給我一個完美的銅像
用寶石裝飾我溫柔的眼光

用黃金打造我亮麗的翅膀
用白銀雕塑我純潔的身軀
用雷射閃現我崇高的理想
在每一個紙醉金迷的墮落夜晚
我會保護你孤單的孩子永遠快樂平安……

*未發表

給我們一片自己的天空

——寫於四一〇「教育改革」遊行之前

給我們一片自己的天空
給我們一種自信的笑容
讓我們走出陰霾的圍牆
讓我們脫去沉重的枷鎖

如果有風——
我們就該學會展翅
如果有雨——
我們也要練習奔走
故事不該只是枕頭邊的海市蜃樓
夢想也不再是虛幻的彩虹港口

所以，親愛的朋友
請你來到我們疲憊的身邊
幫花朵走出溫室
放鳥獸回歸自然
在溪谷平原的輕輕撫摸下
並肩仰望公理的陽光

四一〇的台北街頭，即將
點燃。新世界的燦爛火花
只要有平等的氧氣
我們決不放棄這童年的城堡
在洶湧澎湃的茫茫人海裡，我
早已與你相約：
齊步，走這一趟不悔的路
同聲，唱這一首無怨的歌

＊臺灣時報 83年4月10日

控訴——代柯媽媽致諸立委

前言：柯媽媽爲「強制汽車責任險」之立法，絕食抗議進入第
　　十天，再次不支送醫……

兩千萬忙碌奔馳的靈魂，也許
只是政治協商的交換籌碼
關於總統的選舉方式
官員財產的處理問題
也許，實在很重要
只是我不懂
生命的價值又該如何衡量？

你們的拳打腳踢依然精采激烈

我沙啞的抗議只有空盪盪的回聲
夏日午後的台北
氣溫高過疏離的人情味
曾經曾經的種種承諾
在風中無言，飄散
我淚已乾
我心已亂

看吧！
曾經乖巧的孩子們
在有意疏忽的爭吵聲中
不再歡笑
不再奔跑
不再呼吸
今天倒霉是我的，也許
明天幸運是你的。

所以，純潔的良心不該被染色
　期待的眼光不該再落空
這次十天，下次回來
一定會更久……
我的生命有多長
堅持的抗議就有多長
只要心還在跳
我將與永恆攜手
挑戰你們模糊的眞理

今天也許將會成爲過去
但歷史會寫在每一顆虧欠的心底
在喜樂的天堂邊緣
我等你們
在苦難的地獄門口，我

也等你們

*臺灣時報　84年8月30日

塞拉耶佛——耶誕新年記事

在最平安的的平安夜
我看到滿天絢爛的煙火，爆裂
壕溝裡沉睡的夢想天堂
匍匐過縱橫交錯的曳光機槍彈
一群穿著緊身迷彩服的聖誕老人
正架著隆隆的坦克雪橇
向我們顫抖的寒冷村莊挺進

此起彼落的炮彈，呼嘯
像是教堂傾圮的末日鐘聲
一具具焦黑的屍體
一截截破碎的殘肢

走過，沾滿火燄的刺刀
痛苦哀號的殺傷地雷群
親密地擁抱著我們無關輕重的名字

也許這是個最有趣的遊戲
讓我們的屋頂插滿不同的陌生國旗
不同的信仰廝殺著一樣的土地
流竄的鼠輩正狙殺聖者
但我是卑微的虔誠異教徒
在這個炮火熾烈的新年假期裡
減速的心持續向冰點接近

這是一個難忘的平安夜
一個不用上班的聖誕節
在硝煙裡探頭的慘白太陽
已然，中彈負傷

誰都不敢再期待明天的日出了
簡單地說——
也許戰爭是好的
也許所有的苦難即將結束

在塞拉耶佛——
天天都有七彩的煙火綻放
天天都有生離死別的櫥窗看板
天天都有新達成的停火與開戰
天天都有上帝和撒旦的誠懇會談……

*中華日報 83年1月18日

浩劫後

在第N次的核戰結束之後
短暫的，和平氾濫大地
伴隨著間歇性的強酸陣雨
飽含侵略性的懸浮微粒不停地散佈著
停火非戰的七色謊言

倖存的執政者相擁落淚
嘆息彼此頑強的抵抗意志不曾崩解
至於抬頭按鈕的激動手法
短時間內或許將難得一見
於是整個城市的臉孔也只好假裝感動
讚美上帝或是感謝自己

但我還是習慣地追逐
某種遺失必要過程的蹣跚腳步
在廢墟故都的殘破遺址裡
一篇象徵夕陽絕美的典雅宣告
總讓我們再次學會虔誠膜拜
掌管幸福的那尊
殘缺不全的斷臂神祇。

＊未發表

文明併發症（五種）

·腦瘤·

起因不明的
智慧型病變，紛紛
進出竄擾
記憶思想戒嚴的鎖碼禁區

於是在鈷六十的威力掃蕩後
少數倖存的智慧頭顱
在多種法律的尊重保障下
大膽，預言——
即將來臨的變種新世紀

・先天性皮膚過敏・

屬於基層組織的
泛政治性細胞畸型分裂
病變，來自歷史的遺傳情結
併發，異鄉的水土不服

千百個提心吊膽的夜晚
總在無效的激烈抗爭之後
棄械投降
而延期促銷的廉價痲痺軟膏
在低溫冷凍的暫時控制下
必須，以亂數破解
唯讀中樞叛變的所有可能

・上呼吸道感染・

積級滲透的，某種

濾過性成熟病毒
秘密進駐下視丘，氤氳
潰爛發炎的暴力氾濫

然後面對著逐漸沉默的思想
制約可能的圖騰反射行爲
晨昏日夜之間
總是不免震撼與驚惶的
風風，雨雨……

·中風·

某種劇烈的心情震盪之後
突然嚴重喪失
妥協語言眞僞的辨證能力

也許是某種意外的過度衝擊

茫然中，漸次減弱
抽象思考的多樣探索

於是在右側優勢的習慣逐漸消失之後
我開始用力學習，所謂
左傾行動的思考可能

·AIDS·

用生命賭注
心與心猜測的陌生距離
愛，在滋長
如棄養荒郊的叢生野草，交纏
黝暗巷弄裡曲折破碎的零亂身影
不要再貼上同情的標籤或條碼
我們有自己習慣的那種名字

潤澤，乾枯的心靈
穿越，靜謐的溪流
在純金的太陽底下
偶而躍起的幾則陳腐新聞
總是，失焦鏡頭裡的那群
假裝崩潰文明守則的
現代野獸派。

*明道文藝　84年7月

彷如一場迷路的流星雨——代跋

方群

在這歲末年終的倥傯之際，所有的瑣事似乎全在眼前糾結成一團，我小心翼翼地穿梭時空的縫隙，徘徊在萬籟俱寂的沉靜夜晚，悄悄與詩相會。

這的確是一個難得的夜晚，我暫時把一切都遺忘，細細地檢視這些生命的痕跡，回憶在剎那間快速地倒退與前進，翻閱這些成長的歷史，其中有些許的狂歡欣喜，但卻有更多的無奈與傷痛。

一九九七的石英鐘已然啓動，人類文明的腳步繼續邁向全新的二十一世紀。經過這些年來的驚人科技發展之後，我們享受了空前優渥的物質生活，但是在此同時，我們卻也必須面對前所未見的危機與病痛。在我們透支了太多的自然資源之後，大自然也從四面八方向我們反撲：南極上空破裂的臭氧層，飽受汙染威脅的土地與水源，瀕臨絕種的野生動植物，以及層出不窮的細菌與病毒⋯⋯，在在都已經明白地顯示，人類即將為先前所預支的未來資產，付出難以估計的龐大代價。

雖然有這麼多誠摯的呼籲與警告，但我們仍然麻木地活著，麻木地吃飯與睡覺，麻木地愛人與被愛。日子還是要過，我們總是這樣地安慰著自己。於是行走在摩肩擦踵的現實大道上，匆忙與慌亂仍是我們最常使用的驕傲片語。

身處在這樣的一個末日星球，一個經常與孤獨為伴的詩人又能做些什麼呢？除了柴米油鹽醬醋茶之外，他的靈魂，他的肉身，甚至是他的呼吸與心跳，也同樣寫著無限寂寞的永恆代號。

於是我俯身親吻大地，然後猛抓起一把被春雨凝結的黏稠土塊，奮力地拋射向無邊的天涯。

「那是詩嗎？」一群旁觀者焦急地問。
「你說呢？」
「那只是一場迷路的流星雨吧！」
我無言以對。

作者近照